This book belongs to

Page	Bird
1	
2	
3	
4	
5	
6	
7	
8	
9	
10	
11	
12	
13	
14	
15	
16	
17	
18	
19	
20	
21	
22	
23	
24	
25	
26	
27	
28	
29	
30	Bird
31	
32	
33	
34	

Page	Bird
35	
36	
37	
38	
39	
40	
41	
42	
43	
44	
45	
46	
47	
48	
49	
50	
51	
52	
53	
54	
55	
56	
57	
58	
59	
60	
61	
62	
63	
64	
65	
66	
67	
68	

Page	Bird
69	
70	
71	
72	
73	
74	
75	
76	
77	
78	
79	
80	
81	
82	
83	
84	
85	
86	
87	
88	
89	
90	
91	
92	
93	
94	
95	
96	
97	
98	
99	
100	

Bird Watching Log

Bird Name: _________________________   **Date:** ____________

Scientific Name: _________________   **Time Start:** _______

Location: _________________________   **Time Ending:** _______

Season

☐ Winter ☐ Spring ☐ Summer ☐ Fall

Identification Key

Size: _________________________________

Food: _________________________________

____

Color/Markings: ________________________

____

____

Bill Shape: ____________________________

Wing Shape: ___________________________

Habitat: ______________________________

____

____

Flight Pattern: _________________________

____

Songs & Calls: _________________________

____

Mating & Reproduction; Nest

____

____

____

____

____

____

25 &over

20

15

10

5

Inches

Page ⬭

Bird Watching Log

Bird Name: _______________________   Date: _______________

Scientific Name: _________________   Time Start: __________

Location: _______________________   Time Ending: _________

Season
☐ Winter ☐ Spring ☐ Summer ☐ Fall

Identification Key

Size: ___________________________

Food: ___________________________

____

Color/Markings: __________________

____

____

Bill Shape: ______________________

Wing Shape: _____________________

Habitat: _________________________

____

____

Flight Pattern: ___________________

____

Songs & Calls: ___________________

____

Mating & Reproduction; Nest

____

____

____

____

____

____

25 &over

20

15

10

5

Inches

Bird Watching Log

Bird Name: _______________________ Date: _______________

Scientific Name: ___________________ Time Start: _________

Location: _________________________ Time Ending: _________

Identification Key

Season

☐ Winter ☐ Spring ☐ Summer ☐ Fall

Size: _________________________________

Food: _________________________________

____

Color/Markings: _______________________

____

____

Bill Shape: ____________________________

Wing Shape: ___________________________

Habitat: ______________________________

____

____

Flight Pattern: _________________________

____

Songs & Calls: _________________________

____

Mating & Reproduction; Nest

____

____

____

____

____

____

25 & over

20

15

10

5

Inches

Page ⬭

Bird Watching Log

Bird Name: _______________________ **Date:** _______________

Scientific Name: _________________ **Time Start:** ________

Location: ________________________ **Time Ending:** ________

Season

☐ Winter ☐ Spring ☐ Summer ☐ Fall

Identification Key

Size: ___________________________________

Food: ___________________________________

____

Color/Markings: _________________________

____

Bill Shape: _____________________________

Wing Shape: _____________________________

Habitat: ________________________________

____

Flight Pattern: _________________________

____

Songs & Calls: __________________________

Mating & Reproduction; Nest

____

____

____

____

____

25 &over

20

15

10

5

Inches

Bird Watching Log

Bird Name: _______________________   **Date:** _____________
Scientific Name: _______________________   **Time Start:** _______
Location: _______________________   **Time Ending:** _______

Identification Key

Season
☐ Winter ☐ Spring ☐ Summer ☐ Fall

Size: _______________________

Food: _______________________

____

Color/Markings: _______________________

____

____

Bill Shape: _______________________

Wing Shape: _______________________

Habitat: _______________________

____

Flight Pattern: _______________________

____

Songs & Calls: _______________________

____

Mating & Reproduction; Nest

____

____

____

____

____

____

25 & over

20

15

10

5

Inches

Page ⬭

Bird Watching Log

Bird Name: _______________________   **Date:** _______________

Scientific Name: __________________   **Time Start:** __________

Location: ________________________   **Time Ending:** _________

Identification Key

Season
☐ Winter ☐ Spring ☐ Summer ☐ Fall

Size: ____________________________

Food: ____________________________

____

Color/Markings: __________________

____

____

Bill Shape: ______________________

Wing Shape: ______________________

Habitat: _________________________

____

____

Flight Pattern: __________________

____

Songs & Calls: ___________________

____

Mating & Reproduction; Nest

____

____

____

____

____

____

25 &over

20

15

10

5

Inches

Page ◯

Bird Watching Log

Bird Name: _________________________ Date: _____________

Scientific Name: _________________ Time Start:_______

Location: _________________________ Time Ending:_______

Season

☐ Winter ☐ Spring ☐ Summer ☐ Fall

Identification Key

Size: _________________________________

Food: _________________________________

____

Color/Markings: _______________________

____

____

Bill Shape: ___________________________

Wing Shape: ___________________________

Habitat:_______________________________

____

____

Flight Pattern: _______________________

____

Songs & Calls: ________________________

____

Mating & Reproduction; Nest

____

____

____

____

____

____

_25_ &over

20

15

10

5

Inches

Bird Watching Log

Bird Name: ______________________   Date: ______________

Scientific Name: ________________   Time Start: __________

Location: ______________________   Time Ending: _________

Season
☐ Winter ☐ Spring ☐ Summer ☐ Fall

Identification Key

Size: ___________________________

Food: ___________________________

____

Color/Markings: __________________

____

Bill Shape: ______________________

Wing Shape: _____________________

Habitat:_________________________

____

____

Flight Pattern: ___________________

____

Songs & Calls: ___________________

____

Mating & Reproduction; Nest

____

____

____

____

____

____

25 &over

20

15

10

5

Inches

Page ⬭

Bird Watching Log

Bird Name: _______________________   Date: _______________

Scientific Name: _________________   Time Start: _________

Location: ________________________   Time Ending: ________

Season

☐ Winter ☐ Spring ☐ Summer ☐ Fall

Identification Key

Size: _________________________________

Food: _________________________________

____

Color/Markings: ______________________

____

____

Bill Shape: __________________________

Wing Shape: __________________________

Habitat: _____________________________

____

____

Flight Pattern: ______________________

____

Songs & Calls: _______________________

____

Mating & Reproduction; Nest

____

____

____

____

____

____

____

____

25 & over

20

15

10

5

Inches

Bird Watching Log

Bird Name: _________________________   Date: _____________

Scientific Name: _________________   Time Start: _________

Location: _________________________   Time Ending: _________

Season

☐ Winter ☐ Spring ☐ Summer ☐ Fall

Identification Key

Size: _________________________________

Food: _________________________________

____

Color/Markings: _______________________

____

____

Bill Shape: ___________________________

Wing Shape: ___________________________

Habitat: ______________________________

____

____

Flight Pattern: _______________________

____

Songs & Calls: ________________________

____

Mating & Reproduction; Nest

____

____

____

____

____

____

____

25 &over

20

15

10

5

Inches

Page ⬭

Bird Watching Log

Bird Name: ________________________ Date: ______________

Scientific Name: __________________ Time Start: ________

Location: ________________________ Time Ending: ________

Season

☐ Winter ☐ Spring ☐ Summer ☐ Fall

Identification Key

Size: ____

Food: ____

____

Color/Markings: _______________________________

____

Bill Shape: ___________________________________

Wing Shape: ___________________________________

Habitat: ______________________________________

____

Flight Pattern: _______________________________

____

Songs & Calls: ________________________________

____

Mating & Reproduction; Nest

____

____

____

____

____

25 & over

20

15

10

5

Inches

Page ⬭

Bird Watching Log

Bird Name: _________________________ Date: _____________

Scientific Name: _________________ Time Start: _______

Location: _______________________ Time Ending: _______

Season

☐ Winter ☐ Spring ☐ Summer ☐ Fall

Identification Key

Size: _________________________________

Food: _________________________________

____

Color/Markings: _______________________

____

____

Bill Shape: ___________________________

Wing Shape: __________________________

Habitat:______________________________

____

____

Flight Pattern: ________________________

____

Songs & Calls: ________________________

____

Mating & Reproduction; Nest

____

____

____

____

____

____

25 &over

20

15

10

5

Inches

Page ⬭

Bird Watching Log

Bird Name: _________________________   **Date:** _____________

Scientific Name: _________________   **Time Start:** _______

Location: _____________________   **Time Ending:** _______

Season

☐ Winter ☐ Spring ☐ Summer ☐ Fall

Identification Key

Size: ____________________________________

Food: ____________________________________

____

Color/Markings: ___________________________

____

____

Bill Shape: _______________________________

Wing Shape: ______________________________

Habitat: _________________________________

____

____

Flight Pattern: ____________________________

____

Songs & Calls: ____________________________

____

Mating & Reproduction; Nest

____

____

____

____

____

25 &over

20

15

10

5

Inches

Page ⬭

Bird Watching Log

Bird Name: _______________________   Date: _______________
Scientific Name: _______________   Time Start: _________
Location: _______________________   Time Ending: ________

Season
☐ Winter ☐ Spring ☐ Summer ☐ Fall

Identification Key

Size: _________________________________

Food: _________________________________

____

Color/Markings: _______________________

____

____

Bill Shape: ___________________________

Wing Shape: ___________________________

Habitat: ______________________________

____

____

Flight Pattern: _______________________

____

Songs & Calls: ________________________

____

Mating & Reproduction; Nest

____

____

____

____

____

____

____

25 &over

20

15

10

5

Inches

Page ⬭

Bird Watching Log

Bird Name: _______________________ Date: _______________

Scientific Name: _______________________ Time Start:_______

Location: _______________________ Time Ending:_______

Season

☐ Winter ☐ Spring ☐ Summer ☐ Fall

Identification Key

Size: _______________________________________

Food: _______________________________________

____

Color/Markings: _______________________

____

____

Bill Shape: _______________________

Wing Shape: _______________________

Habitat:_______________________

____

____

Flight Pattern: _______________________

____

Songs & Calls: _______________________

____

Mating & Reproduction; Nest

____

____

____

____

____

____

25 &over

20

15

10

5

Inches

Page ⬭

Bird Watching Log

Bird Name: _______________________ Date: _______________

Scientific Name: _______________ Time Start: _________

Location: _______________________ Time Ending: _________

Season

☐ Winter ☐ Spring ☐ Summer ☐ Fall

Identification Key

Size: _________________________________

Food: _________________________________

____

Color/Markings: _______________________

____

Bill Shape: ___________________________

Wing Shape: ___________________________

Habitat: ______________________________

____

Flight Pattern: _______________________

____

Songs & Calls: ________________________

____

Mating & Reproduction; Nest

____

____

____

____

____

____

25 &over

20

15

10

5

Inches

Page ⬭

Bird Watching Log

Bird Name: _______________________ Date: _______________

Scientific Name: _________________ Time Start: _______

Location: ________________________ Time Ending: _______

Season

☐ Winter ☐ Spring ☐ Summer ☐ Fall

Identification Key

Size: _________________________________

Food: _________________________________

____

Color/Markings: ________________________

____

____

Bill Shape: ____________________________

Wing Shape: ____________________________

Habitat: _______________________________

____

____

Flight Pattern: ________________________

____

Songs & Calls: _________________________

____

Mating & Reproduction; Nest

____

____

____

____

____

____

25 &over

20

15

10

5

Inches

Page ⬭

Bird Watching Log

Bird Name: _________________________ Date: _____________

Scientific Name: _________________ Time Start: _______

Location: _________________________ Time Ending: _______

Season
☐ Winter ☐ Spring ☐ Summer ☐ Fall

Identification Key

Size: _________________________________

Food: _________________________________

____

Color/Markings: _________________________

____

____

Bill Shape: _________________________

Wing Shape: _________________________

Habitat: _________________________

____

____

Flight Pattern: _________________________

____

Songs & Calls: _________________________

____

Mating & Reproduction; Nest

____

____

____

____

____

____

25 &over

20

15

10

5

Inches

Page ⬭

Bird Watching Log

Bird Name: _______________________   **Date:** _______________

Scientific Name: _______________________   **Time Start:** _______

Location: _______________________   **Time Ending:** _______

Season

☐ Winter   ☐ Spring   ☐ Summer   ☐ Fall

Identification Key

Size: _______________________

Food: _______________________

____

Color/Markings: _______________________

____

____

Bill Shape: _______________________

Wing Shape: _______________________

Habitat: _______________________

____

____

Flight Pattern: _______________________

____

Songs & Calls: _______________________

____

Mating & Reproduction; Nest

____

____

____

____

____

____

____

_25_ & over

20

15

10

5

Inches

Page ⬭

Bird Watching Log

Bird Name: _______________________ Date: _______________

Scientific Name: ___________________ Time Start: _________

Location: ________________________ Time Ending: ________

Season

☐ Winter ☐ Spring ☐ Summer ☐ Fall

Identification Key

Size: ___________________________

Food: ___________________________

____

Color/Markings: ___________________

____

Bill Shape: _______________________

Wing Shape: ______________________

Habitat: ________________________

____

____

Flight Pattern: ____________________

____

Songs & Calls: ____________________

____

Mating & Reproduction; Nest

____

____

____

____

____

____

25 & over

20

15

10

5

Inches

Page ⬭

Bird Watching Log

Bird Name: ______________________ **Date:** ______________
Scientific Name: ______________________ **Time Start:** ______
Location: ______________________ **Time Ending:** ______

Season
☐ Winter ☐ Spring ☐ Summer ☐ Fall

Identification Key

Size: ______________________

Food: ______________________
____

Color/Markings: ______________________
____
____

Bill Shape: ______________________

Wing Shape: ______________________

Habitat: ______________________
____

Flight Pattern: ______________________
____

Songs & Calls: ______________________
____

Mating & Reproduction; Nest
____
____
____
____
____

25 &over

20

15

10

5

Inches

Bird Watching Log

Bird Name: _______________________ Date: _______________

Scientific Name: _______________ Time Start: _______

Location: _______________________ Time Ending: _______

Season
☐ Winter ☐ Spring ☐ Summer ☐ Fall

Identification Key

Size: ____

Food: ____

____

Color/Markings: ________________________________

____

____

Bill Shape: ____________________________________

Wing Shape: ____________________________________

Habitat: _______________________________________

____

Flight Pattern: ________________________________

____

Songs & Calls: _________________________________

____

Mating & Reproduction; Nest

____

____

____

____

____

<u>25</u> &over

<u>20</u>

<u>15</u>

<u>10</u>

<u>5</u>

Inches

Page ⬭

Bird Watching Log

Bird Name: _______________________ Date: _____________

Scientific Name: ________________ Time Start: _______

Location: ______________________ Time Ending: _______

Season

☐ Winter ☐ Spring ☐ Summer ☐ Fall

Identification Key

Size: _________________________________

Food: _________________________________

____

Color/Markings: ________________________

____

____

Bill Shape: ____________________________

Wing Shape: ____________________________

Habitat: _______________________________

____

____

Flight Pattern: _________________________

____

Songs & Calls: _________________________

____

Mating & Reproduction; Nest

____

____

____

____

____

25 &over

20

15

10

5

Inches

Page ⬭

Bird Watching Log

Bird Name: ___________________________   Date: _______________

Scientific Name: ___________________   Time Start: _________

Location: ___________________________   Time Ending: ________

Identification Key

Season
☐ Winter ☐ Spring ☐ Summer ☐ Fall

Size: _______________________________

Food: _______________________________

____

Color/Markings: _____________________

____

____

Bill Shape: _________________________

Wing Shape: _________________________

Habitat: ____________________________

____

____

Flight Pattern: _____________________

____

Songs & Calls: ______________________

____

Mating & Reproduction; Nest

____

____

____

____

____

____

25 &over

20

15

10

5

Inches

Page ⬭

Bird Watching Log

Bird Name: _______________________   Date: ______________

Scientific Name: ________________   Time Start: ______

Location: _______________________   Time Ending: ______

Season

☐ Winter   ☐ Spring   ☐ Summer   ☐ Fall

Identification Key

Size: _______________________________

Food: _______________________________

____

Color/Markings: _______________________

____

____

Bill Shape: ___________________________

Wing Shape: __________________________

Habitat: _____________________________

____

____

Flight Pattern: _______________________

____

Songs & Calls: _______________________

____

Mating & Reproduction; Nest

____

____

____

____

____

____

25 &over

20

15

10

5

Inches

Page ⬭

Bird Watching Log

Bird Name: _________________________ Date: _____________

Scientific Name: _________________ Time Start: _________

Location: _______________________ Time Ending: _________

☐ Winter ☐ Spring ☐ Summer ☐ Fall

Identification Key

Size: _______________________________

Food: _______________________________

____

Color/Markings: _____________________

____

____

Bill Shape: _________________________

Wing Shape: _________________________

Habitat: ____________________________

____

____

Flight Pattern: _____________________

____

Songs & Calls: ______________________

____

Mating & Reproduction; Nest

____

____

____

____

25 &over

20

15

10

5

Inches

Page ⬭

Bird Watching Log

Bird Name: _________________________ Date: _____________

Scientific Name: _________________ Time Start: _______

Location: _______________________ Time Ending: _______

Season

☐ Winter ☐ Spring ☐ Summer ☐ Fall

Identification Key

Size: _________________________________

Food: _________________________________

____

Color/Markings: _______________________

____

Bill Shape: ___________________________

Wing Shape: ___________________________

Habitat: ______________________________

____

Flight Pattern: _______________________

____

Songs & Calls: ________________________

____

Mating & Reproduction; Nest

____

____

____

____

____

25 &over

20

15

10

5

Inches

Page ⬭

Bird Watching Log

Bird Name: _______________________   Date: _______________

Scientific Name: _________________   Time Start: _________

Location: ________________________   Time Ending: ________

Identification Key

Season
☐ Winter ☐ Spring ☐ Summer ☐ Fall

Size: _________________________________

Food: _________________________________

____

Color/Markings: _______________________

____

____

Bill Shape: ___________________________

Wing Shape: ___________________________

Habitat: ______________________________

____

____

Flight Pattern: _______________________

____

Songs & Calls: ________________________

____

Mating & Reproduction; Nest

____

____

____

____

____

____

____

25 &over

20

15

10

5

Inches

Page ⬭

Bird Watching Log

Bird Name: _________________________ Date: _____________

Scientific Name: _________________ Time Start: _______

Location: _____________________________ Time Ending: _______

Season

☐Winter ☐Spring ☐Summer ☐Fall

Identification Key

Size: ____

Food: ____

____

Color/Markings: ___________________________

____

____

Bill Shape: ______________________________

Wing Shape: _____________________________

Habitat:__________________________________

____

____

Flight Pattern: __________________________

____

Songs & Calls: __________________________

____

Mating & Reproduction; Nest

____

____

____

____

____

____

_25_ &over

20

15

10

5

Inches

Page ⬭

Bird Watching Log

Bird Name: _________________________ **Date:** _____________

Scientific Name: _________________________ **Time Start:** _________

Location: _________________________ **Time Ending:** _________

Season

☐ Winter ☐ Spring ☐ Summer ☐ Fall

Identification Key

Size: _________________________________

Food: _________________________________

____

Color/Markings: _______________________

____

Bill Shape: ___________________________

Wing Shape: ___________________________

Habitat: ______________________________

____

Flight Pattern: _______________________

____

Songs & Calls: ________________________

____

Mating & Reproduction; Nest

____

____

____

____

____

____

25 &over

20

15

10

5

Inches

Page ⬭

Bird Watching Log

Bird Name: _______________________ Date: _______________

Scientific Name: _______________ Time Start: _________

Location: _______________________ Time Ending: ________

Season

☐ Winter ☐ Spring ☐ Summer ☐ Fall

Identification Key

Size: _________________________________

Food: _________________________________

____

Color/Markings: _______________________

____

____

Bill Shape: ___________________________

Wing Shape: ___________________________

Habitat: ______________________________

____

____

Flight Pattern: _______________________

____

Songs & Calls: ________________________

____

Mating & Reproduction; Nest

____

____

____

____

____

____

____

25 & over

20

15

10

5

Inches

Page ⬭

Bird Watching Log

Bird Name: _________________________   Date: _____________

Scientific Name: _________________________   Time Start: _________

Location: _________________________   Time Ending: _________

Season
☐ Winter ☐ Spring ☐ Summer ☐ Fall

Identification Key

Size: _________________________________

Food: _________________________________

____

Color/Markings: _________________________

____

____

Bill Shape: _________________________

Wing Shape: _________________________

Habitat: _________________________

____

____

Flight Pattern: _________________________

____

Songs & Calls: _________________________

____

Mating & Reproduction; Nest

____

____

____

____

____

25 & over

20

15

10

5

Inches

Page ⬭

Bird Watching Log

Bird Name: ________________________   Date: ______________

Scientific Name: ________________   Time Start: ______

Location: ____________________   Time Ending: ______

Season

☐ Winter ☐ Spring ☐ Summer ☐ Fall

Identification Key

Size: ________________________________

Food: ________________________________

____

Color/Markings: ____________________

____

____

Bill Shape: ________________________

Wing Shape: ________________________

Habitat: ___________________________

____

____

Flight Pattern: ____________________

____

Songs & Calls: _____________________

____

Mating & Reproduction; Nest

____

____

____

____

____

____

____

25 &over

20

15

10

5

Inches

Page ⬭

Bird Watching Log

Bird Name: _______________________   Date: _______________

Scientific Name: _________________   Time Start: _________

Location: _______________________   Time Ending: ________

Identification Key

Season
☐ Winter ☐ Spring ☐ Summer ☐ Fall

Size: ___________________________

Food: ___________________________

____

Color/Markings: __________________

____

____

Bill Shape: _____________________

Wing Shape: _____________________

Habitat: ________________________

____

____

Flight Pattern: _________________

____

Songs & Calls: __________________

____

Mating & Reproduction; Nest

____

____

____

____

____

____

25 &over

20

15

10

5

Inches

Bird Watching Log

Bird Name: _______________________ Date: _______________

Scientific Name: _______________________ Time Start: _______

Location: _______________________ Time Ending: _______

Season

☐ Winter ☐ Spring ☐ Summer ☐ Fall

Identification Key

Size: _______________________

Food: _______________________

____

Color/Markings: _______________________

____

Bill Shape: _______________________

Wing Shape: _______________________

Habitat: _______________________

____

Flight Pattern: _______________________

____

Songs & Calls: _______________________

____

Mating & Reproduction; Nest

____

____

____

____

____

____

____

____

____

_25_ & over

_20_

_15_

_10_

_5_

Inches

Page ⬭

Bird Watching Log

Bird Name: _______________________ Date: _______________

Scientific Name: _______________ Time Start: _________

Location: _______________________ Time Ending: ________

Season

☐ Winter ☐ Spring ☐ Summer ☐ Fall

Identification Key

Size: _______________________________

Food: _______________________________

____

Color/Markings: ______________________

____

Bill Shape: __________________________

Wing Shape: _________________________

Habitat: _____________________________

____

Flight Pattern: _______________________

Songs & Calls: _______________________

Mating & Reproduction; Nest

____

____

____

____

____

25 &over

20

15

10

5

Inches

Page ⬭

Bird Watching Log

Bird Name: _______________________   **Date:** _____________

Scientific Name: _________________   **Time Start:** _______

Location: ______________________   **Time Ending:** _______

Season

☐ Winter ☐ Spring ☐ Summer ☐ Fall

Identification Key

Size: _______________________________________

Food: _______________________________________

____

Color/Markings: _____________________________

____

____

Bill Shape: _________________________________

Wing Shape: _________________________________

Habitat: ____________________________________

____

____

Flight Pattern: _____________________________

____

Songs & Calls: ______________________________

____

Mating & Reproduction; Nest

____

____

____

____

____

____

____

25 &over

20

15

10

5

Inches

Bird Watching Log

Bird Name: _________________________   Date: _____________

Scientific Name: _________________   Time Start: _______

Location: _______________________   Time Ending: _______

Identification Key

Size: _______________________________

Food: _______________________________

____

Color/Markings: ______________________

____

____

Bill Shape: __________________________

Wing Shape: _________________________

Habitat:_____________________________

____

____

Flight Pattern: _______________________

____

Songs & Calls: _______________________

____

Mating & Reproduction; Nest

____

____

____

____

____

____

Page ⬭

Bird Watching Log

Bird Name: _______________________   Date: _______________

Scientific Name: _________________   Time Start:_________

Location: _______________________   Time Ending:_________

Season

☐Winter ☐ Spring ☐ Summer ☐ Fall

Identification Key

Size: _________________________________

Food: _________________________________

____

Color/Markings: _________________________

____

____

Bill Shape: _____________________________

Wing Shape: ____________________________

Habitat:_______________________________

____

____

Flight Pattern: __________________________

____

Songs & Calls: __________________________

____

Mating & Reproduction; Nest

____

____

____

____

____

____

25 &over

20

15

10

5

Inches

Page ⬭

Bird Watching Log

Bird Name: ___________________________ Date: _______________

Scientific Name: ___________________ Time Start: _________

Location: _________________________ Time Ending: _________

Season

☐ Winter ☐ Spring ☐ Summer ☐ Fall

Identification Key

Size: _________________________________

Food: _________________________________

____

Color/Markings: ________________________

____

____

Bill Shape: ____________________________

Wing Shape: ____________________________

Habitat: _______________________________

____

____

Flight Pattern: ________________________

____

Songs & Calls: _________________________

____

Mating & Reproduction; Nest

____

____

____

____

____

____

25 & over

20

15

10

5

Inches

Page ⬭

Bird Watching Log

Bird Name: _________________________   Date: _____________

Scientific Name: ___________________   Time Start: _______

Location: __________________________   Time Ending: _______

Season

☐ Winter ☐ Spring ☐ Summer ☐ Fall

Identification Key

Size: ___________________________________

Food: ___________________________________

____

Color/Markings: _________________________

____

____

Bill Shape: _____________________________

Wing Shape: _____________________________

Habitat: ________________________________

____

____

Flight Pattern: _________________________

____

Songs & Calls: __________________________

____

Mating & Reproduction; Nest

____

____

____

____

____

____

____

<u>25</u> &over

<u>20</u>

<u>15</u>

<u>10</u>

<u>5</u>

Inches

Page ⬭

Bird Watching Log

Bird Name: _________________________   Date: _____________

Scientific Name: __________________   Time Start: _________

Location: ________________________   Time Ending: ________

Season

☐ Winter ☐ Spring ☐ Summer ☐ Fall

Identification Key

Size: _________________________________

Food: _________________________________

____

Color/Markings: _______________________

____

____

Bill Shape: ___________________________

Wing Shape: ___________________________

Habitat: ______________________________

____

____

Flight Pattern: _______________________

____

Songs & Calls: ________________________

____

Mating & Reproduction; Nest

____

____

____

____

____

____

25 & over

20

15

10

5

Inches

Page ⬭

Bird Watching Log

Bird Name: _______________________________   Date: _______________

Scientific Name: _________________________   Time Start: _________

Location: _______________________________   Time Ending: ________

Identification Key

Size: ____

Food: ____

____

Color/Markings: _______________________________

____

____

Bill Shape: _______________________________

Wing Shape: _______________________________

Habitat:_______________________________

____

____

Flight Pattern: _______________________________

____

Songs & Calls: _______________________________

____

Mating & Reproduction; Nest

____

____

____

____

____

____

Bird Watching Log

Bird Name: _______________________   Date: _______________

Scientific Name: _______________________   Time Start: _______

Location: _______________________   Time Ending: _______

Season
☐ Winter ☐ Spring ☐ Summer ☐ Fall

Identification Key

Size: _______________________

Food: _______________________

____

Color/Markings: _______________________

____

____

Bill Shape: _______________________

Wing Shape: _______________________

Habitat: _______________________

____

____

Flight Pattern: _______________________

____

Songs & Calls: _______________________

____

Mating & Reproduction; Nest

____

____

____

____

____

____

____

____

25 &over

20

15

10

5

Inches

Page ⬭

Bird Watching Log

Bird Name: _______________________   Date: _______________

Scientific Name: _________________   Time Start: __________

Location: ________________________   Time Ending: _________

Identification Key

Season

☐ Winter ☐ Spring ☐ Summer ☐ Fall

Size: ____

Food: ____

____

Color/Markings: ____________________________________

____

____

Bill Shape: ____

Wing Shape: _______________________________________

Habitat: ____

____

____

Flight Pattern: ____________________________________

____

Songs & Calls: ____________________________________

____

Mating & Reproduction; Nest

____

____

____

____

____

____

25 &over

20

15

10

5

Inches

Page ⬭

Bird Watching Log

Bird Name: ___________________________ Date: ______________

Scientific Name: _____________________ Time Start: _________

Location: ____________________________ Time Ending: ________

Season

☐ Winter ☐ Spring ☐ Summer ☐ Fall

Identification Key

Size: _________________________________

Food: _________________________________

____

Color/Markings: _______________________

____

____

Bill Shape: ___________________________

Wing Shape: ___________________________

Habitat: ______________________________

____

____

Flight Pattern: _______________________

____

Songs & Calls: ________________________

____

Mating & Reproduction; Nest

____

____

____

____

____

____

25 &over

20

15

10

5

Inches

Page ( )

Bird Watching Log

Bird Name: _________________________   Date: _____________
Scientific Name: __________________   Time Start:_______
Location: _______________________   Time Ending:_______

Season
☐ Winter ☐ Spring ☐ Summer ☐ Fall

Identification Key

Size: _________________________________

Food: _________________________________

____

Color/Markings: _______________________

____

____

Bill Shape: ___________________________

Wing Shape: ___________________________

Habitat:_______________________________

____

____

Flight Pattern: _______________________

____

Songs & Calls: ________________________

____

Mating & Reproduction; Nest

____

____

____

____

____

____

____

_25_ & over

20

15

10

5

Inches

Bird Watching Log

Bird Name: _________________________ **Date:** _____________

Scientific Name: _________________ **Time Start:** _______

Location: _______________________ **Time Ending:** _______

Season

☐ Winter ☐ Spring ☐ Summer ☐ Fall

Identification Key

Size: _____________________________

Food: _____________________________

____

Color/Markings: ___________________

____

____

Bill Shape: _______________________

Wing Shape: _______________________

Habitat: __________________________

____

____

Flight Pattern: ____________________

____

Songs & Calls: ____________________

____

Mating & Reproduction; Nest

____

____

____

____

____

____

25 &over

20

15

10

5

Inches

Bird Watching Log

Bird Name: _________________________   Date: _____________

Scientific Name: _________________   Time Start: _______

Location: _______________________   Time Ending: _______

Season

☐ Winter ☐ Spring ☐ Summer ☐ Fall

Identification Key

Size: _________________________________

Food: _________________________________

____

Color/Markings: _______________________

____

____

Bill Shape: ___________________________

Wing Shape: __________________________

Habitat: _____________________________

____

____

Flight Pattern: _______________________

____

Songs & Calls: _______________________

____

Mating & Reproduction; Nest

____

____

____

____

____

____

____

25 &over

20

15

10

5

Inches

Page ⬭

Bird Watching Log

Bird Name: _______________________ Date: _____________

Scientific Name: _________________ Time Start: _______

Location: _______________________ Time Ending: _______

Season

☐ Winter ☐ Spring ☐ Summer ☐ Fall

Identification Key

Size: _________________________________

Food: _________________________________

____

Color/Markings: _______________________

____

____

Bill Shape: ___________________________

Wing Shape: ___________________________

Habitat: ______________________________

____

____

Flight Pattern: _______________________

____

Songs & Calls: ________________________

____

Mating & Reproduction; Nest

____

____

____

____

____

____

25 &over

20

15

10

5

Inches

Page ⬭

Bird Watching Log

Bird Name: _______________________   Date: _______________

Scientific Name: _________________   Time Start: _________

Location: _______________________   Time Ending: ________

Season

☐ Winter ☐ Spring ☐ Summer ☐ Fall

Identification Key

Size: ___________________________________

Food: ___________________________________

____

Color/Markings: _________________________

____

____

Bill Shape: _____________________________

Wing Shape: _____________________________

Habitat: ________________________________

____

____

Flight Pattern: _________________________

____

Songs & Calls: __________________________

____

Mating & Reproduction; Nest

____

____

____

____

____

____

____

25 & over

20

15

10

5

Inches

Page ⬭

Bird Watching Log

Bird Name: _________________________   Date: _____________

Scientific Name: __________________   Time Start: _______

Location: ________________________   Time Ending: ______

Identification Key

Season
☐ Winter ☐ Spring ☐ Summer ☐ Fall

Size: _________________________________

Food: _________________________________

____

Color/Markings: _______________________

____

____

Bill Shape: ___________________________

Wing Shape: ___________________________

Habitat: ______________________________

____

____

Flight Pattern: _______________________

____

Songs & Calls: ________________________

____

Mating & Reproduction; Nest

____

____

____

____

____

____

____

25 & over

20

15

10

5

Inches

Page ⬭

Bird Watching Log

Bird Name: _________________________ Date: _____________
Scientific Name: _________________ Time Start: _______
Location: _______________________ Time Ending: _______

Season
☐ Winter ☐ Spring ☐ Summer ☐ Fall

Identification Key

Size: _________________________________

Food: _________________________________

____

Color/Markings: _________________________

____

____

Bill Shape: _____________________________

Wing Shape: ____________________________

Habitat: _______________________________

____

____

Flight Pattern: __________________________

____

Songs & Calls: __________________________

____

Mating & Reproduction; Nest

____

____

____

____

____

____

____

_25_ & over

20

15

10

5

Inches

Page ⬭

Bird Watching Log

Bird Name: _______________________ Date: _______________

Scientific Name: _______________ Time Start:_________

Location: _____________________ Time Ending:_________

Season

☐ Winter ☐ Spring ☐ Summer ☐ Fall

Identification Key

Size: ___________________________

Food: ___________________________

____

Color/Markings: _________________

____

____

Bill Shape: _____________________

Wing Shape: _____________________

Habitat:_________________________

____

____

Flight Pattern: _________________

____

Songs & Calls: __________________

____

Mating & Reproduction; Nest

____

____

____

____

____

25 &over

20

15

10

5

Inches

Page ⬭

Bird Watching Log

Bird Name: _______________________   Date: _______________

Scientific Name: _______________   Time Start: _______

Location: _______________________   Time Ending: _______

Identification Key

Season
☐ Winter ☐ Spring ☐ Summer ☐ Fall

Size: _________________________________

Food: _________________________________

____

Color/Markings: _______________________

____

____

Bill Shape: ___________________________

Wing Shape: ___________________________

Habitat: ______________________________

____

____

Flight Pattern: _______________________

____

Songs & Calls: ________________________

____

Mating & Reproduction; Nest

____

____

____

____

____

____

25 & over

20

15

10

5

Inches

Bird Watching Log

Bird Name: ___________________________ Date: _______________

Scientific Name: _______________________ Time Start: _________

Location: ____________________________ Time Ending: _________

Season

☐ Winter ☐ Spring ☐ Summer ☐ Fall

Identification Key

Size: _______________________________

Food: _______________________________

____

Color/Markings: _______________________

____

____

Bill Shape: ___________________________

Wing Shape: __________________________

Habitat: _____________________________

____

____

Flight Pattern: ________________________

____

Songs & Calls: ________________________

____

Mating & Reproduction; Nest

____

____

____

____

____

____

25 &over

20

15

10

5

Inches

Bird Watching Log

Bird Name: ___________________________   Date: _______________

Scientific Name: ___________________   Time Start: _________

Location: _______________________   Time Ending: _________

Identification Key

Size: ___________________________________

Food: ___________________________________

____

Color/Markings: ___________________________

____

____

Bill Shape: _______________________________

Wing Shape: ______________________________

Habitat: _________________________________

____

____

Flight Pattern: ____________________________

____

Songs & Calls: ____________________________

____

Mating & Reproduction; Nest

____

____

____

____

____

____

Bird Watching Log

Bird Name: _______________________   **Date:** _______________

Scientific Name: _______________   **Time Start:** __________

Location: _______________________   **Time Ending:** _________

Season

☐ Winter ☐ Spring ☐ Summer ☐ Fall

Identification Key

Size: _______________________________

Food: _______________________________

____

Color/Markings: ____________________

____

____

Bill Shape: _________________________

Wing Shape: ________________________

Habitat: ___________________________

____

____

Flight Pattern: _____________________

____

Songs & Calls: _____________________

____

Mating & Reproduction; Nest

____

____

____

____

____

____

25 &over

20

15

10

5

Inches

Page ( )

Bird Watching Log

Bird Name: _______________________   Date: _______________

Scientific Name: _________________   Time Start: _________

Location: ________________________   Time Ending: ________

Season

☐ Winter ☐ Spring ☐ Summer ☐ Fall

Identification Key

Size: _________________________________

Food: _________________________________

____

Color/Markings: _______________________

____

____

Bill Shape: ___________________________

Wing Shape: ___________________________

Habitat: ______________________________

____

Flight Pattern: _______________________

____

Songs & Calls: ________________________

____

Mating & Reproduction; Nest

____

____

____

____

____

____

____

____

25 & over

20

15

10

5

Inches

Page ⬭

Bird Watching Log

Bird Name: _________________________ Date: _____________

Scientific Name: _________________ Time Start: ________

Location: _______________________ Time Ending: ________

Season

☐Winter ☐ Spring ☐ Summer ☐ Fall

Identification Key

Size: ___________________________

Food: ___________________________

____

Color/Markings: _________________

____

____

Bill Shape: _____________________

Wing Shape: _____________________

Habitat:________________________

____

____

Flight Pattern: _________________

____

Songs & Calls: __________________

____

Mating & Reproduction; Nest

____

____

____

____

____

____

____

25 &over

20

15

10

5

Inches

Bird Watching Log

Bird Name: _______________________ **Date:** _____________

Scientific Name: _______________________ **Time Start:** _______

Location: _______________________ **Time Ending:** _______

Season

☐ Winter ☐ Spring ☐ Summer ☐ Fall

Identification Key

Size: _______________________

Food: _______________________

____

Color/Markings: _______________________

____

____

Bill Shape: _______________________

Wing Shape: _______________________

Habitat: _______________________

____

____

Flight Pattern: _______________________

____

Songs & Calls: _______________________

____

Mating & Reproduction; Nest

____

____

____

____

____

____

____

25 &over

20

15

10

5

Inches

Page ⬭

Bird Watching Log

Bird Name: _____________________   **Date:** _____________

Scientific Name: _______________   **Time Start:** _______

Location: _____________________   **Time Ending:** _______

Season

☐ Winter   ☐ Spring   ☐ Summer   ☐ Fall

Identification Key

Size: _________________________________

Food: _________________________________

____

Color/Markings: _______________________

____

____

Bill Shape: ___________________________

Wing Shape: ___________________________

Habitat: ______________________________

____

____

Flight Pattern: _______________________

____

Songs & Calls: ________________________

____

Mating & Reproduction; Nest

____

____

____

____

____

____

25 &over

20

15

10

5

Inches

Page ( )

Bird Watching Log

Bird Name: _______________________   Date: _______________

Scientific Name: _______________________   Time Start: _________

Location: _______________________   Time Ending: _________

Season

☐ Winter ☐ Spring ☐ Summer ☐ Fall

Identification Key

Size: _________________________________

Food: _________________________________

____

Color/Markings: _________________________________

____

____

Bill Shape: _________________________________

Wing Shape: _________________________________

Habitat: _________________________________

____

____

Flight Pattern: _________________________________

____

Songs & Calls: _________________________________

____

Mating & Reproduction; Nest

____

____

____

____

____

____

25 & over

20

15

10

5

Inches

Bird Watching Log

Bird Name: _______________________ Date: _______________

Scientific Name: ___________________ Time Start: _________

Location: _________________________ Time Ending: ________

Identification Key

Season

☐ Winter ☐ Spring ☐ Summer ☐ Fall

Size: _____________________________________

Food: _____________________________________

____

Color/Markings: ____________________________

____

____

Bill Shape: ________________________________

Wing Shape: _______________________________

Habitat: __________________________________

____

____

Flight Pattern: _____________________________

____

Songs & Calls: _____________________________

____

Mating & Reproduction; Nest

____

____

____

____

____

____

____

25 &over

20

15

10

5

Inches

Page ⬭

Bird Watching Log

Bird Name: _______________________   Date: ____________

Scientific Name: _________________   Time Start: ________

Location: _______________________   Time Ending: ________

Identification Key

Season

☐ Winter ☐ Spring ☐ Summer ☐ Fall

Size: _________________________________

Food: _________________________________

____

Color/Markings: _______________________

____

____

Bill Shape: ___________________________

Wing Shape: ___________________________

Habitat:_______________________________

____

____

Flight Pattern: _______________________

____

Songs & Calls: ________________________

____

Mating & Reproduction; Nest

____

____

____

____

____

____

____

25 &over

20

15

10

5

Inches

Page ⬭

Bird Watching Log

Bird Name: _______________________ **Date:** _______________

Scientific Name: _______________ **Time Start:** _________

Location: ___________________________ **Time Ending:** _______

Season

☐ Winter ☐ Spring ☐ Summer ☐ Fall

Identification Key

Size: _________________________________

Food: _________________________________

____

Color/Markings: _______________________

____

____

Bill Shape: ___________________________

Wing Shape: ___________________________

Habitat: ______________________________

____

____

Flight Pattern: _______________________

____

Songs & Calls: ________________________

____

Mating & Reproduction; Nest

____

____

____

____

____

____

Bird Watching Log

Bird Name: _________________________   Date: _____________

Scientific Name: ___________________   Time Start: _______

Location: __________________________   Time Ending: _______

Season

☐ Winter ☐ Spring ☐ Summer ☐ Fall

Identification Key

Size: ______________________________

Food: ______________________________

____

Color/Markings: ____________________

____

____

Bill Shape: ________________________

Wing Shape: ________________________

Habitat: ___________________________

____

____

Flight Pattern: ____________________

____

Songs & Calls: _____________________

____

Mating & Reproduction; Nest

____

____

____

____

____

____

____

25 &over

20

15

10

5

Inches

Page ⬭

Bird Watching Log

Bird Name: ________________________ Date: ______________

Scientific Name: ____________________ Time Start: _______

Location: __________________________ Time Ending: _______

Season
☐ Winter ☐ Spring ☐ Summer ☐ Fall

Identification Key

Size: ____

Food: ____

____

Color/Markings: _______________________________

____

Bill Shape: ___________________________________

Wing Shape: __________________________________

Habitat: _____________________________________

____

____

Flight Pattern: ________________________________

____

Songs & Calls: ________________________________

____

Mating & Reproduction; Nest

____

____

____

____

____

25 &over

20

15

10

5

Inches

Page ⬭

Bird Watching Log

Bird Name: _________________________   Date: _____________

Scientific Name: _______________   Time Start: ______

Location: _____________________   Time Ending: ______

Identification Key

Size: _________________________________

Food: _________________________________

____

Color/Markings: _________________________

____

____

Bill Shape: _______________________

Wing Shape: _______________________

Habitat:_______________________

____

____

Flight Pattern: ___________________

____

Songs & Calls: ___________________

____

Mating & Reproduction; Nest

____

____

____

____

____

Page ⬭

Bird Watching Log

Bird Name: _______________________

Scientific Name: _______________________

Location: _______________________

Date: _______________________

Time Start: _______________________

Time Ending: _______________________

Season

☐ Winter ☐ Spring ☐ Summer ☐ Fall

Identification Key

Size: _______________________

Food: _______________________

____

Color/Markings: _______________________

____

____

Bill Shape: _______________________

Wing Shape: _______________________

Habitat: _______________________

____

____

Flight Pattern: _______________________

____

Songs & Calls: _______________________

____

Mating & Reproduction; Nest

____

____

____

____

____

____

25 &over

20

15

10

5

Inches

Page ☐

Bird Watching Log

Bird Name: _______________________ Date: _______________

Scientific Name: _________________ Time Start: _______

Location: _______________________ Time Ending: _______

Season

☐ Winter ☐ Spring ☐ Summer ☐ Fall

Identification Key

Size: _______________________________________

Food: _______________________________________

____

Color/Markings: ______________________________

____

Bill Shape: __________________________________

Wing Shape: _________________________________

Habitat: ____________________________________

____

Flight Pattern: _______________________________

____

Songs & Calls: _______________________________

____

Mating & Reproduction; Nest

____

____

____

____

____

____

25 & over

20

15

10

5

Inches

Bird Watching Log

Bird Name: _______________________ **Date:** _______________

Scientific Name: _______________________ **Time Start:** _______________

Location: _______________________ **Time Ending:** _______________

Identification Key

Season

☐ Winter ☐ Spring ☐ Summer ☐ Fall

Size: _______________________________________

Food: _______________________________________

____

Color/Markings: _______________________________

____

Bill Shape: _________________________________

Wing Shape: ________________________________

Habitat: ___________________________________

____

____

Flight Pattern: ______________________________

____

Songs & Calls: ______________________________

____

Mating & Reproduction; Nest

____

____

____

____

____

____

____

25 &over

20

15

10

5

Inches

Page ⬭

Bird Watching Log

Bird Name: _________________________   Date: _____________

Scientific Name: _______________   Time Start: ______

Location: ___________________________   Time Ending: _______

Season

☐ Winter ☐ Spring ☐ Summer ☐ Fall

Identification Key

Size: _________________________________

Food: _________________________________

____

Color/Markings: _______________________

____

____

Bill Shape: ___________________________

Wing Shape: ___________________________

Habitat: ______________________________

____

____

Flight Pattern: _______________________

____

Songs & Calls: ________________________

____

Mating & Reproduction; Nest

____

____

____

____

____

____

____

25 & over

20

15

10

5

Inches

Page ⬭

Bird Watching Log

Bird Name: _______________________ Date: _______________

Scientific Name: _________________ Time Start: _________

Location: ________________________ Time Ending: ________

Season
☐ Winter ☐ Spring ☐ Summer ☐ Fall

Identification Key

Size: ___________________________________

Food: ___________________________________

____

Color/Markings: _________________________

____

____

Bill Shape: _____________________________

Wing Shape: _____________________________

Habitat: ________________________________

____

____

Flight Pattern: _________________________

____

Songs & Calls: __________________________

____

Mating & Reproduction; Nest

____

____

____

____

____

____

____

____

25 &over

20

15

10

5

Inches

Page ⬭

Bird Watching Log

Bird Name: _______________________   Date: _______________

Scientific Name: _________________   Time Start: __________

Location: _______________________   Time Ending: _________

Season

☐ Winter ☐ Spring ☐ Summer ☐ Fall

Identification Key

Size: _________________________________

Food: _________________________________

____

Color/Markings: _______________________

____

____

Bill Shape: ___________________________

Wing Shape: ___________________________

Habitat: ______________________________

____

____

Flight Pattern: _______________________

____

Songs & Calls: ________________________

____

Mating & Reproduction; Nest

____

____

____

____

____

____

____

25 & over

20

15

10

5

Inches

Page ⬭

Bird Watching Log

Bird Name: ________________________   Date: ________________

Scientific Name: __________________   Time Start: __________

Location: ________________________   Time Ending: ________

Season

☐ Winter ☐ Spring ☐ Summer ☐ Fall

Identification Key

Size: ________________________________

Food: ________________________________

____

Color/Markings: ______________________

____

____

Bill Shape: __________________________

Wing Shape: __________________________

Habitat: _____________________________

____

____

Flight Pattern: ______________________

____

Songs & Calls: _______________________

____

Mating & Reproduction; Nest

____

____

____

____

____

____

25 & over

20

15

10

5

Inches

Page ⬭

Bird Watching Log

Bird Name: _______________________ **Date:** _______________

Scientific Name: _________________ **Time Start:** ________

Location: _________________________ **Time Ending:** _______

Season

☐ Winter   ☐ Spring   ☐ Summer   ☐ Fall

Identification Key

Size: ____

Food: ____

____

Color/Markings: ______________________________

____

____

Bill Shape: ___________________________________

Wing Shape: ___________________________________

Habitat: ______________________________________

____

____

Flight Pattern: _______________________________

____

Songs & Calls: ________________________________

____

Mating & Reproduction; Nest

____

____

____

____

____

____

____

25 & over

20

15

10

5

Inches

Bird Watching Log

Bird Name: _______________________   Date: _______________

Scientific Name: _________________   Time Start: __________

Location: _______________________   Time Ending: _________

Season

☐ Winter ☐ Spring ☐ Summer ☐ Fall

Identification Key

Size: _____________________________

Food: _____________________________

____

Color/Markings: ___________________

____

____

Bill Shape: _______________________

Wing Shape: _______________________

Habitat: __________________________

____

____

Flight Pattern: ___________________

____

Songs & Calls: ____________________

____

Mating & Reproduction; Nest

____

____

____

____

____

25 &over

20

15

10

5

Inches

Page ⬭

Bird Watching Log

Bird Name: _______________________   Date: _______________

Scientific Name: _______________   Time Start: _______

Location: _______________________   Time Ending: _______

Season

☐ Winter ☐ Spring ☐ Summer ☐ Fall

Identification Key

Size: _______________________________

Food: _______________________________

____

Color/Markings: _____________________

____

____

Bill Shape: _________________________

Wing Shape: _________________________

Habitat: ____________________________

____

____

Flight Pattern: _____________________

____

Songs & Calls: ______________________

____

Mating & Reproduction; Nest

____

____

____

____

____

____

____

____

_25_ &over

20

15

10

5

Inches

Page ⬭

Bird Watching Log

Bird Name: _______________________   Date: _______________

Scientific Name: _______________________   Time Start: _______

Location: _______________________   Time Ending: _______

Season
☐ Winter ☐ Spring ☐ Summer ☐ Fall

Identification Key

Size: _______________________

Food: _______________________

____

Color/Markings: _______________________

____

Bill Shape: _______________________

Wing Shape: _______________________

Habitat: _______________________

____

Flight Pattern: _______________________

____

Songs & Calls: _______________________

____

Mating & Reproduction; Nest

____

____

____

____

____

____

25 &over

20

15

10

5

Inches

Page ⬭

Bird Watching Log

Bird Name: _______________________   Date: _______________

Scientific Name: _______________   Time Start:_________

Location: _______________________   Time Ending:_________

Season

☐ Winter ☐ Spring ☐ Summer ☐ Fall

Identification Key

Size: _______________________________

Food: _______________________________

____

Color/Markings: _______________________

____

____

Bill Shape: _______________________

Wing Shape: _______________________

Habitat:_______________________

____

____

Flight Pattern: _______________________

____

Songs & Calls: _______________________

____

Mating & Reproduction; Nest

____

____

____

____

____

____

____

25 &over

20

15

10

5

Inches

Page ⬭

Bird Watching Log

Bird Name: _______________________   Date: ____________

Scientific Name: ____________________   Time Start: ________

Location: _______________________   Time Ending: ________

Season

☐ Winter ☐ Spring ☐ Summer ☐ Fall

Identification Key

Size: _______________________

Food: _______________________

____

Color/Markings: _______________________

____

____

Bill Shape: _______________________

Wing Shape: _______________________

Habitat: _______________________

____

____

Flight Pattern: _______________________

____

Songs & Calls: _______________________

____

Mating & Reproduction; Nest

____

____

____

____

____

____

____

25 &over

20

15

10

5

Inches

Page ( )

Bird Watching Log

Bird Name: ___________________________ Date: _______________

Scientific Name: ___________________ Time Start: _________

Location: ___________________________ Time Ending: _________

Identification Key

Season

☐ Winter ☐ Spring ☐ Summer ☐ Fall

Size: ____

Food: ____

____

Color/Markings: _______________________________

____

____

Bill Shape: ___________________________________

Wing Shape: ___________________________________

Habitat: ______________________________________

____

____

Flight Pattern: _______________________________

____

Songs & Calls: ________________________________

____

Mating & Reproduction; Nest

____

____

____

____

____

____

25 &over

20

15

10

5

Inches

Bird Watching Log

Bird Name: _______________________   Date: _______________

Scientific Name: _______________________   Time Start: _______

Location: _______________________   Time Ending: _______

Season

☐ Winter ☐ Spring ☐ Summer ☐ Fall

Identification Key

Size: _______________________________________

Food: _______________________________________

____

Color/Markings: _______________________________

____

____

Bill Shape: _______________________________

Wing Shape: _______________________________

Habitat: _______________________________

____

____

Flight Pattern: _______________________________

____

Songs & Calls: _______________________________

____

Mating & Reproduction; Nest

____

____

____

____

____

25 &over

20

15

10

5

Inches

Page ⬭

Bird Watching Log

Bird Name: ___________________________ Date: _______________

Scientific Name: _____________________ Time Start: _________

Location: ____________________________ Time Ending: ________

Season

☐ Winter ☐ Spring ☐ Summer ☐ Fall

Identification Key

Size: ________________________________

Food: ________________________________

____

Color/Markings: ______________________

____

Bill Shape: __________________________

Wing Shape: __________________________

Habitat: _____________________________

____

Flight Pattern: ______________________

____

Songs & Calls: _______________________

____

Mating & Reproduction; Nest

____

____

____

____

____

____

____

25 & over

20

15

10

5

Inches

Page ☐

Bird Watching Log

Bird Name: _______________________   Date: _______________

Scientific Name: _______________   Time Start: _________

Location: _______________________   Time Ending: _________

Season
☐ Winter ☐ Spring ☐ Summer ☐ Fall

Identification Key

Size: _______________________________

Food: _______________________________

____

Color/Markings: ______________________

____

____

Bill Shape: __________________________

Wing Shape: _________________________

Habitat: _____________________________

____

____

Flight Pattern: _______________________

____

Songs & Calls: _______________________

____

Mating & Reproduction; Nest

____

____

____

____

____

____

____

25 &over

20

15

10

5

Inches

Bird Watching Log

Bird Name: _________________________ Date: _____________

Scientific Name: _________________ Time Start: _______

Location: _______________________ Time Ending: _______

Season

☐ Winter ☐ Spring ☐ Summer ☐ Fall

Identification Key

Size: ___________________________________

Food: ___________________________________

____

Color/Markings: __________________________

____

____

Bill Shape: ______________________________

Wing Shape: _____________________________

Habitat: ________________________________

____

Flight Pattern: ___________________________

____

Songs & Calls: ___________________________

____

Mating & Reproduction; Nest

____

____

____

____

____

<u>25</u> &over

<u>20</u>

<u>15</u>

<u>10</u>

<u>5</u>

Inches

Page ⬭

Bird Watching Log

Bird Name: __________________________   Date: ______________

Scientific Name: __________________   Time Start: __________

Location: ______________________   Time Ending: __________

Identification Key

Size: ______________________________

Food: ______________________________

____

Color/Markings: __________________

____

____

Bill Shape: ________________________

Wing Shape: ______________________

Habitat: ___________________________

____

Flight Pattern: ____________________

____

Songs & Calls: ____________________

____

Mating & Reproduction; Nest

____

____

____

____

____

____

Page ⬭

Bird Watching Log

Bird Name: ______________________   Date: ______________

Scientific Name: ________________   Time Start:________

Location: _______________________   Time Ending:________

Season

☐ Winter ☐ Spring ☐ Summer ☐ Fall

Identification Key

Size: ___________________________________

Food: ___________________________________

____

Color/Markings: _________________________

____

____

Bill Shape: _____________________________

Wing Shape: _____________________________

Habitat:_________________________________

____

____

Flight Pattern: _________________________

____

Songs & Calls: __________________________

____

Mating & Reproduction; Nest

____

____

____

____

____

____

____

_25_ &over

_20_

_15_

_10_

_5_

Inches

Page ⬭

Bird Watching Log

Bird Name: _______________________ Date: _______________

Scientific Name: _________________ Time Start: __________

Location: _______________________ Time Ending: _________

Season

☐ Winter ☐ Spring ☐ Summer ☐ Fall

Identification Key

Size: ___________________________________

Food: ___________________________________

____

Color/Markings: __________________________

____

Bill Shape: ______________________________

Wing Shape: _____________________________

Habitat: ________________________________

____

____

Flight Pattern: ___________________________

____

Songs & Calls: ___________________________

____

Mating & Reproduction; Nest

____

____

____

____

____

____

<u>25</u> &over

20

15

10

5

Inches

Page ⬭

Bird Watching Log

Bird Name: _______________________ Date: _______________

Scientific Name: ___________________ Time Start: _________

Location: _______________________ Time Ending: _________

Season

☐ Winter ☐ Spring ☐ Summer ☐ Fall

Identification Key

Size: ____

Food: ____

____

Color/Markings: _______________________________

____

____

Bill Shape: ____________________________________

Wing Shape: ___________________________________

Habitat: ______________________________________

____

____

Flight Pattern: ________________________________

____

Songs & Calls: ________________________________

____

Mating & Reproduction; Nest

____

____

____

____

____

____

25 & over

20

15

10

5

Inches

Page ⬭

Bird Watching Log

Bird Name: _______________________   Date: ____________

Scientific Name: ________________   Time Start: ______

Location: ____________________   Time Ending: ______

Season

☐ Winter   ☐ Spring   ☐ Summer   ☐ Fall

Identification Key

Size: _________________________

Food: _________________________

____

Color/Markings: ________________

____

____

Bill Shape: ____________________

Wing Shape: ____________________

Habitat: _______________________

____

____

Flight Pattern: _________________

____

Songs & Calls: _________________

____

Mating & Reproduction; Nest

____

____

____

____

____

____

25 & over

20

15

10

5

Inches

Page ⬭

Bird Watching Log

Bird Name: _______________________   Date: _______________

Scientific Name: _______________________   Time Start: _______

Location: _______________________   Time Ending: _______

Season

☐ Winter ☐ Spring ☐ Summer ☐ Fall

Identification Key

Size: _______________________

Food: _______________________

____

Color/Markings: _______________________

____

____

Bill Shape: _______________________

Wing Shape: _______________________

Habitat: _______________________

____

____

Flight Pattern: _______________________

____

Songs & Calls: _______________________

____

Mating & Reproduction; Nest

____

____

____

____

____

____

25 & over

20

15

10

5

Inches

Page ☐

Bird Watching Log

Bird Name: _______________________   Date: _______________

Scientific Name: _________________   Time Start: __________

Location: ________________________   Time Ending: _________

Season
☐ Winter   ☐ Spring   ☐ Summer   ☐ Fall

Identification Key

Size: ___________________________________

Food: ___________________________________

____

Color/Markings: __________________________

____

____

Bill Shape: ______________________________

Wing Shape: ______________________________

Habitat: _________________________________

____

____

Flight Pattern: ___________________________

____

Songs & Calls: ___________________________

____

Mating & Reproduction; Nest

____

____

____

____

____

____

____

25 &over

20

15

10

5

Inches

Bird Watching Log

Bird Name: _______________________   Date: _______________

Scientific Name: _________________   Time Start: __________

Location: ________________________   Time Ending: _________

Identification Key

Season

☐ Winter ☐ Spring ☐ Summer ☐ Fall

Size: _________________________________

Food: _________________________________

____

Color/Markings: _______________________

____

____

Bill Shape: ___________________________

Wing Shape: ___________________________

Habitat: ______________________________

____

____

Flight Pattern: _______________________

____

Songs & Calls: ________________________

____

Mating & Reproduction; Nest

____

____

____

____

____

25 & over

20

15

10

5

Inches

Bird Watching Log

Bird Name: _______________________   Date: _______________

Scientific Name: _______________   Time Start: _________

Location: _______________________   Time Ending: ________

Season

☐ Winter ☐ Spring ☐ Summer ☐ Fall

Identification Key

Size: _______________________________

Food: _______________________________

____

Color/Markings: _____________________

____

____

Bill Shape: _________________________

Wing Shape: _________________________

Habitat: ____________________________

____

____

Flight Pattern: _____________________

____

Songs & Calls: ______________________

____

Mating & Reproduction; Nest

____

____

____

____

____

____

25 &over

20

15

10

5

Inches

Page ⬭

Bird Watching Log

Bird Name: _______________________ Date: _______________

Scientific Name: _______________ Time Start: _________

Location: _______________________ Time Ending: _________

Season

☐ Winter ☐ Spring ☐ Summer ☐ Fall

Identification Key

Size: _________________________________

Food: _________________________________

____

Color/Markings: _______________________

____

Bill Shape: ___________________________

Wing Shape: __________________________

Habitat: ______________________________

____

Flight Pattern: _______________________

____

Songs & Calls: _______________________

____

Mating & Reproduction; Nest

____

____

____

____

____

25 & over

20

15

10

5

Inches

Page ⬭

Bird Watching Log

Bird Name: _______________________ Date: _______________

Scientific Name: _______________________ Time Start: _______________

Location: _______________________ Time Ending: _______________

Season

☐ Winter ☐ Spring ☐ Summer ☐ Fall

Identification Key

Size: _______________________

Food: _______________________

____

Color/Markings: _______________________

____

____

Bill Shape: _______________________

Wing Shape: _______________________

Habitat: _______________________

____

____

Flight Pattern: _______________________

____

Songs & Calls: _______________________

____

Mating & Reproduction; Nest

____

____

____

____

____

____

____

25 &over

20

15

10

5

Inches

Page ☐

Bird Watching Log

Bird Name: _______________________ Date: _______________

Scientific Name: _________________ Time Start:_________

Location: ________________________ Time Ending:_________

Season

☐ Winter ☐ Spring ☐ Summer ☐ Fall

Identification Key

Size: ___________________________________

Food: ___________________________________

____

Color/Markings: _________________________

____

____

Bill Shape: _____________________________

Wing Shape: _____________________________

Habitat:_________________________________

____

____

Flight Pattern: _________________________

____

Songs & Calls: __________________________

____

Mating & Reproduction; Nest

____

____

____

____

____

____

____

____

<table>
<tr><td>25 &over</td></tr>
<tr><td>20</td></tr>
<tr><td>15</td></tr>
<tr><td>10</td></tr>
<tr><td>5</td></tr>
<tr><td>Inches</td></tr>
</table>

Page ☐

Bird Watching Log

Bird Name: _______________________   Date: _______________

Scientific Name: _________________   Time Start: _________

Location: ________________________   Time Ending: ________

Season

☐ Winter ☐ Spring ☐ Summer ☐ Fall

Identification Key

Size: ____________________________________

Food: ____________________________________

____

Color/Markings: __________________________

____

____

Bill Shape: ______________________________

Wing Shape: ______________________________

Habitat: _________________________________

____

____

Flight Pattern: __________________________

____

Songs & Calls: ___________________________

____

Mating & Reproduction; Nest

____

____

____

____

____

____

____

____

25 &over

20

15

10

5

Inches

Page